AF340036

DE L'OPPOSITION,

DE LA GUERRE D'ESPAGNE,

ET

DES ÉLECTIONS GÉNÉRALES;

AUX ÉLECTEURS DE 1824.

DE L'OPPOSITION;

DE LA GUERRE D'ESPAGNE,

ET

DES ÉLECTIONS GÉNÉRALES

AUX

ÉLECTEURS DE 1824,

UN ÉLECTEUR DE PARIS.

A PARIS,

CHEZ L'HUILLIER, LIBRAIRE, RUE DAUPHINE N° 36.

DE L'IMPRIMERIE D'ÉVERAT, RUE DU CADRAN N° 16.

1824.

AVANT - PROPOS.

ÉLECTEURS, le moment approche où, au nom et pour le compte de la France entière, vous allez prononcer, par l'organe des Députés de votre choix, sur les questions les plus fondamentales de son existence politique, de ses intérêts généraux et particuliers.

Vous allez, sur l'appel du Roi, approuver ou condamner l'administration de ses Ministres, les comptes qu'ils ont à rendre, les entreprises qu'ils ont dirigées, les projets qu'ils ont formés. C'est l'arrêt du passé et de l'avenir que vos bulletins vont déposer dans l'urne électorale; car, il ne nous est plus permis d'en douter : c'est de tel Député ou de tel autre, d'une majorité amie ou ennemie de la Charte, que vont dépendre les destinées de la patrie.

Ces Députés, c'est vous qui les nommez. C'est donc de votre choix que tout va dépendre.

Employons utilement le peu de temps qui nous reste. Ne négligeons rien d'abord pour nous mettre en règle et assurer le libre exercice de nos droits. Entendons - nous bien pour que la cause publique n'ait pas à regretter la nullité d'un seul vote, et destinons quelques instants à fortifier en nous les nobles sentimens de patriotisme et de liberté, d'amour et de respect pour notre loi fondamentale.

C'est principalement ce dernier but que je me propose. C'est l'un de vous, c'est un honnête homme, c'est un français, c'est un constitutionnel monarchique, qui vient se mêler à vos paisibles réunions, et vous entretenir de vos propres pensées. Il n'aura rien dit de dangereux pour vos intérêts, ni pour ceux du ministère, s'il ne parle ni à vos

~~cœurs ni à votre raison ;~~ et s'il en est autrement, il aura utilemeut servi son Roi et sa
Patrie.

Sachons d'abord quelle est cette opposition à laquelle nous allons consacrer nos
efforts.

Voyons ensuite quels faits matériels et élo-
quens nous pressent et nous avertissent.

Ecoutons ceux de nos intérêts blessés ou
compromis.

Et après nous être rendu compte des motifs les plus vraisemblables de la dissolution
des Chambres, de l'appel que fait le trône
à la Nation, pénétrons-nous bien de tous les
devoirs qu'elle nous impose.

DE L'OPPOSITION;

DÉ LA GUERRE D'ESPAGNE,

ET

DES ÉLECTIONS GÉNÉRALES;

AUX ÉLECTEURS DE 1824.

CHAPITRE PREMIER.

De l'Opposition.

Sɪ la Charte avait eu, en France, ses conséquences naturelles, le pouvoir se fût appuyé sur les hommes dont la Charte devait essentiellement rassurer l'opinion et garantir les intérêts, et l'opposition n'eût existé que par les organes trop absolus de la démocratie, ou les adeptes trop exclusifs de la régularité et de la perfection.

Mais l'opposition, telle qu'un parti l'a faite, n'est plus que la fusion générale de tous les amis de l'ordre, de la foi promise, des garanties sociales, de la liberté, de l'indépendance, en un mot du bien public.

Il ne peut s'agir que de cette opposition : c'est la seule qui existe, et qui, à notre avis, a toujours existé, bien que, dans des circonstances plus favorables à sa cause, on ait cru la voir se diviser et manifester des intentions différentes.

Cette opposition n'est ni systématique ni hostile : il ne se fait pas un pas vers elle, elle n'en fait pas un seul en avant, qu'elle n'en tienne compte à l'autorité. Le danger n'est pas dans sa résitance : il est plutôt dans l'excès de sa confiance, pour peu qu'on fasse pour la captiver. C'est le caractère des Français ; ils sont dans les chambres ce qu'ils sont dans les camps : ils ne se gardent pas.

Échappe - t - il à un ministre, à la tribune, au conseil, ou dans un journal qu'il n'avoue même pas, quelques paroles rassurantes pour les libertés publiques ? soit qu'il ait dû son élévation à d'autres principes, soit qu'il sorte des bancs les plus opposés aux défenseurs de ces libertés, soit encore que tous ses actes jusque-là aient été en contradiction avec ce qu'il semble promettre pour l'avenir, l'Opposition lui en sait le même gré qui si elles étaient l'expression d'une ancienne et profonde conviction, et se montre déjà prête à l'encourager de ses vœux et à le soutenir de ses efforts.

Elle préfère la liberté de la presse avéc M. de Corbière, voire même M. de la Bourdonnaye, à la censure de MM. Decazes et Pasquier.

A tous les partis qui se forment, s'attachent inévitablement des intérêts et des vœux tout-à-fait individuels ; mais lorsqu'une société est ausi éclairée que la nôtre, il n'est de succès possible pour un parti, il n'en est même d'apparent, que pour celui qui professe et défend des principes avoués par la raison, la justice et l'humanité.

On rencontre partout, assez communément néanmoins même parmi les partisans de l'opposition, d'excellens constitutionnels, que la crainte sans doute de succomber, a rendu aussi injustes envers elle que ses plus furieux ennemis. Ils ne réfléchissent pas, ou ils oublient que l'opposition, pour être forte et vraie, n'a pu qu'exprimer les vœux et les besoins du moment de la nation entière, ou ceux qu'elle a dû lui prévoir, en calculant, par expérience et par analogie, les résultats du système qu'on prétendait lui imposer. Il ne dépendait pas d'elle de les voir autrement, ni de ne pas les voir du tout ; et si, par des concessions pusillanimes, ou en dissimulant ses sentimens, elle eût cherché à tromper ses adversaires, l'opinion publique, qui fait toute sa force, alors même qu'elle ne se manifeste pas, l'eût abandonnée : elle ne l'eût pas portée à la Chambre, ou elle n'eût plus été qu'une coterie, et, coterie pour coterie, n'eût-on pas vu un grand nombre de ses auxiliaires préférer celle du pouvoir, des honneurs et des priviléges.

Il s'agissait alors, d'ailleurs, de se constituer par les hommes de l'ancien régime ou ceux du nouveau; ceux-ci offraient nécessairement plus de garanties aux intérêts nouveaux consacrés par la Charte; et avant que le temps en eût affermi l'existence, et que les hommes les plus intéressés à son renversement eussent eux-mêmes fait l'expérience de son absolue nécessité, la question a pu être personnelle, et toutes les questions de ce genre, nécessairement envenimées, s'emprègnent du caractère et du degré d'énergie ou d'irritabilité de chacun des individus appelés à les discuter.

Ce moment passé, la saine et froide raison reprend son empire, soit que l'expérience ait justifié les craintes conçues, soit qu'elle les ait démenties; car, dans le premier cas, la preuve des faits, par cela même qu'elle est incontestable, dispense de toute énergie; et dans le second, n'ayant plus à se défier, l'on aime mieux discuter que combattre. Nous devons donc nous attendre à des discussions aussi paisibles que fortement raisonnées, alors même que l'impatience d'un parti plus nombreux que fort dans la chambre, ni fort, ni nombreux au dehors, se trahirait encore par d'injustes rigueurs ou d'imprudentes provocations.

L'opposition s'est convaincue que lorsque les intérêts ne souffrent pas encore assez pour soulever des révolutions, le triomphe de l'exagération qui les menace, les sert mieux que l'opposition qui les défend.

Mais a-t-on jamais cru de bonne foi l'opposition hostile contre l'ordre légal constitué en France depuis la promulgation de la Charte? Les lois et les réglemens, si sévères pour elle, si indulgens pour leurs adversaires, n'ayant sévi qu'une seule fois contre elle (et la France sait comment), déposent déjà en sa faveur.

Dans quels rangs existent à un plus haut degré d'ailleurs le puissant intérêt de la conservation des fortunes acquises, des réputations les mieux méritées, des plus nombreuses clientelles?

Mais, sans chercher d'autres garanties dans le plus grand nombre des honorables membres qui la composent, où en trouver de plus rassurantes pour la Charte et la dynastie de son auguste fondateur, que dans les deux grands citoyens en qui l'opposition de deux fractions de la chambre s'est pour ainsi dire personnifiée?

L'un d'eux, constamment honoré du suffrage de ses concitoyens, dans les intérêts privés comme dans les affaires publiques, a recueilli tour-à-tour les nobles témoignages de la confiance de deux souverains malheureux; et l'état doit en grande partie à la sienne cet immense et puissant crédit qui, en lui rendant si facile l'acquittement des plus pesantes charges, lui a ouvert le chemin des plus hautes prospérités.

L'autre, sujet fidèle et dévoué, servant d'un cœur d'ami son souverain, sous l'épée de Damoclès, suspendue 15 ans sur sa tête, a dans le conseil comme à la tribune, affermi sa restauration par le talent le plus élevé, la conviction la plus profonde, la plus pure probité, et le plus noble désintéressement.

Entourés de collègues et d'amis dont les noms sont des titres d'honneur ou de gloire, et les fortunes des sources intarissables de bienfaisance, ce seraient là, il faut l'avouer, de singuliers révolutionnaires. C'est pourtant ainsi qu'ils ont été traités! Ils n'en seront ni moins dévoués à la dynastie constitutionnelle qui les gouverne, ni moins résolus à la défendre des attaques et des erreurs de ceux qui se prétendent ses amis exclusifs comme de ceux qui oseraient se déclarer ses ennemis.

Forts de la vérité dont ils professent le culte, ils lui ouvriraient le chemin de l'avenir sans s'exposer à reculer son triomphe en voulant le précipiter. Ils savent que les vérités fondamentales consacrées par la révolution sont tellement inhérentes aux mœurs et au degré de civilisation qu'a atteint la société, qu'elles se feront jour et produiront leurs fruits sous la main et par les soins de ceux qui cherchent à les étouffer.

Ils n'ignorent pas que la révolution, telle que la raison l'avoue, loin de reculer dès qu'on marche à elle, ainsi que le publient quelques pamphletaires qui n'en croient pas un mot, ne fera jamais plus de chemin que lorsqu'on voudra obstinément la combattre. Ils n'ont pas oublié que, dans l'ancien monde, depuis trente ans, trente millions d'hommes, que la résistance et les obsessions dites religieuses, avaient précipités dans l'anarchie, la guerre et l'irréligion, sont restés constitutionnels ; que quarante millions d'autres, depuis sept ans, le sont devenus comme eux ; que deux peuples du midi de l'Europe, pour s'être un peu trop hâtés dans la carrière, vont nécessairement le devenir ; qu'il n'en est pas un dans le nouveau monde qui n'ait déjà sa constitution.

Ils sont convaincus enfin que la science et l'industrie, indispensables aujourd'hui à l'existence politique d'à-peu-près tous les gouvernemens de l'Europe, par cela seul qu'elle produisent des revenus proportionnés à leurs dépenses obligées, promettent des libertés publiques à ceux qui n'en

jouissent pas, et les garantissent à ceux qui les pos-
sèdent.

Si l'on veut donc y réfléchir sans passion, et surtout sans amour-propre, on se convaincra que si
toutes les nuances de l'opposition peuvent aujour-
d'hui se fondre en une seule couleur, si toutes ses
parties peuvent former un tout compacte, plein
de force et de substance, à quelque dimension
qu'on réussisse en apparence à le réduire, on le
doit à l'inflexibilité du talent et du caractère, qui,
dans aucun temps ni en aucun cas, n'a laissé un
principe sans défense, une vérité sans interprète,
un opprimé sans appui, et au calme de la probité
éclairée, qui combat en persuadant, cède sans s'a-
baisser, résiste en attendant, et au jour du danger
de la cause publique, manifeste d'autant plus de
force, d'énergie et de désintéressement, qu'elle a
été jusque-là plus confiante et plus sage.

Les uns plus prompts à découvrir le danger,
plus empressés à le combattre, n'ont pas franchi
cependant les limites de la loyauté et du devoir.
Les autres, moins effrayés et plus patiens, n'ont
pourtant pas déserté leur cause, et ont su préférer
la disgrâce du pouvoir au sacrifice des principes.
C'est la Charte, toute la Charte, rien que la Charte,
l'ouvrage et l'auteur, que les uns et les autres ont
voulu.

Douterait-on encore des intentions des premiers? Leurs adversaires ont pris soin de les justifier : ils n'ont désespéré du pouvoir qu'au moment où l'opposition a paru disposée à lui prêter son appui.

Dès que l'homme d'état qu'appelaient la France et le siècle se fut un moment montré avec la franchise que lui aurait déjà conseillée la politique, si elle n'eût pas été dans son caractère, s'établit aussitôt le point de contact par où l'opposition et l'autorité pouvaient *se* toucher et s'entendre.

Est-ce l'opposition qui se retira, ou M. de Serre qui disparut pour ne plus reparaître?

Est-ce l'opposition qui ne se contenta pas de la loi des élections, qu'on pouvait appeler la loi de la Charte, ou le ministre qui détruisit son ouvrage?

Est-ce le parti à qui le ministre avait fait un pareil sacrifice qui le précipita, ou l'opposition dont il avait trompé la foi et les espérances ?

Il est donc incontestable que, sur le terrain des principes, le rapprochement de l'autorité et de la partie la plus exigeante de l'opposition n'était plus impossible.

Au moment où il a fallu défendre les derniers ouvrages de la place, et où il n'a plus été possible de se méprendre sur le but de l'attaque, l'autre partie de l'opposition a donné à son tour d'aussi puissantes garanties aux principes et à la cause de la liberté ; et ceux qui, en s'écartant le moins possible du pouvoir, et en se flattant un moment de marcher avec lui, en avaient reçu le plus d'honneurs et de dignités, ont été les plus empressés à s'en dépouiller, ou ont attendu qu'on les en privât, en le méritant chaque jour davantage par les efforts d'une résistance que semblait rendre plus énergique le calme qui l'avait précédée, et qu'ennoblissait à la fois les vertus et le talent.

On s'est donc éprouvé des deux côtés, et au lieu de se diviser, de se nuire, on a du sentir la nécessité de s'entendre et de s'unir. La loyauté des intentions une fois démontrée, on n'est plus que les soldats d'une même cause, et la variété des talens et des caractères ne produit plus que les armes diverses dont la phalange constitutionnelle se dispose à faire usage selon le temps et les questions.

L'opposition tout entière serre ses rangs sur le terrain de la Charte. Elle n'a jamais varié, et, chose importante et significative, elle en a constamment soutenu l'esprit et le texte, contre l'intérêt même d'une liberté plus étendue, et le personnel de ses principaux défenseurs ; bien différente en cela de ses adversaires, qui, suivant la direction ou les tenans du pouvoir, ont été tant de fois pour ou contre la ligue. La liberté de la presse, mais surtout la liberté des journaux, la fixité du cens électoral, la loi sur la responsabilité des ministres, le renouvellement intégral, la septennalité, l'indépendance des colléges électoraux, la liberté individuelle, la censure, les ont eu tour-à-tour pour partisans et pour adversaires; chaque fois qu'il faut enfin se prononcer sur l'une de ces questions, ils tournent le dos à la Charte, et regardent le banc des ministres.

Triomphent-ils, la Charte n'est plus rien: on peut la modifier. Déjà cela est arrivé. Il ne faut qu'aller en avant : pauvres hommes d'état que les ministres qui se laisseraient étourdir par du bruit, et qui y regarderaient de si près avant de modifier le pacte social!

Sont-ils écartés? Aussitôt: vive la Charte! à bas les ministres, les législateurs qui oseraient y toucher! à bas les révolutionnaires, les pervers, les insensés ou au moins les imprudens; car, dans le mouvement ascendant et saccadé du parti, il est déjà arrivé plus d'une fois que les idoles de la veille sont les réprouvés du lendemain : les plus récemmens condamnés conservent encore le parfum de l'encens dont ils recevaient naguère l'offrande. Ceux-ci ne sont encore qu'imprudens, et leurs prédécesseurs : téméraires, perfides ou révolutionnaires, suivant qu'il s'est écoulé plus ou moins de jours depuis qu'ils ont jugé convenable de réfléchir et de s'arrêter.

En regard de ces bancs agités tour-à-tour en sens contraires, sont les rangs immuables des défenseurs de la Charte, des prérogatives du peuple et de la royauté. Ils l'ont appelée le pacte social avant le *Journal des Débats*. Ils en ont soutenu l'esprit et le texte dans tous les temps, en toute circonstance. Ils ont même préféré, à la chance d'obtenir de plus fortes garanties pour la liberté, l'avantage de lui conserver celle de son immutabilité. C'est ainsi particulièrement qu'ils ont toujours examiné le renouvellement intégral, dont le principe est évidemment plus favorable à l'expression libre et spontanée de l'opinion publique, et qu'ils auraient surement payé d'un intervalle de deux ans, même de trois, dans les élections, si la Charte avait été à faire.

Le nombre des députés, leur âge, les conditions de l'éligibilité, eussent été autant de dispositions dont ils auraient peut-être désiré la modification dans un sens plus favorable aux libertés publiques; mais ce que la Charte a voulu, ils le veulent et le respectent, ne fût-ce que pour combattre avec plus de force et d'avantage ce que la Charte défend; bien différens en cela de leurs adversaires, qui invoquent la Charte pour arriver au pouvoir , et se servent du pouvoir pour la détruire.

Ils ne pensent pas, sans doute, qu'aucune institution humaine puisse traverser immuable les générations et les siècles; mais que le salut de tous, l'évidence du danger, une révolution dans les mœurs et dans les usages, peuvent uniquement motiver un changement essentiel dans cette loi fondamentale où se trouvent déposés les gages sacrés des droits du peuple et du monarque, de l'existence et du repos de la société.

Telles sont les positions respectives des partis belligérans de nos chambres, qui vont avoir à décider si la Charte peut être modifiée par les trois pouvoirs, et surtout si elle peut l'être dans une de ses dispositions les plus fondamentales. La France préjuge déjà de quel côté seront la raison, la prudence, le respect de la foi jurée, les principes d'ordre et de stabilité. Elle ne sera pas trompée ; mais sait-elle de quel côté sera le succès ?

Qu'elle accourre donc et qu'elle agisse de toutes les forces que lui a laissées une loi déjà trop fatale à la pureté primitive du pacte social ; qu'elle fasse avec ardeur tout ce qu'elle peut légalement faire ; qu'elle brise les entraves qu'on s'efforcerait illégalement de lui opposer ; qu'elle obtienne s'il se peut la victoire, ou que du moins elle s'en rende digne.

Qu'à l'évidence de ses intentions, à l'énergie de ses vœux, ceux-là même qui prétendaient recueillir le funeste triomphe d'une combinaison perfide et de longue main préparée, reconnaissent, en tombant victimes des passions qui les ont produits et qu'ils ont servies, les dangers et les malheurs qu'ils rappellent sur la nation, que tous leurs efforts auront si difficilement arrachée au besoin qui la domine de repos et de paix.

CHAPITRE II.

De la guerre d'Espagne.

De tous les faits qui nous éclairent, nul n'a jeté une plus vive lumière que la guerre d'Espagne et ses résultats.

Et s'il n'est que trop vrai que notre intervention armée, dans les affaires intérieures de ce malheureux pays, le laisse plongé dans un abîme de maux que, dans l'exagération de nos craintes nous n'eussions pas osé prévoir; s'il est vrai que la patrie de Pascal et de Fénélon, de Voltaire et de Montesquieu, de Mirabeau et de Malesherbes, celle d'un roi législateur et père des lettres, l'auteur de la Charte, le régénérateur de la liberté, a fourni les armes et les moyens auxquels l'Espagne doit le triomphe du pouvoir absolu, de l'ignorance, du fanatisme, des couvens, de la dîme, de la banqueroute et de tout ce qui s'ensuit; sachons du moins puiser dans ce lamentable résultat d'une entreprise qui n'est ni royale, ni nationale, mais toute ministérielle, les avertissemens et les conseils qui s'en échappent de toutes parts.

Sans doute la valeur française y a brillé d'un nouvel éclat, sans doute un prince magnanime, digne d'en diriger les efforts, s'est acquis autant de gloire par la hardiesse de ses conceptions que par la modération de sa politique ; mais si le bonheur et la paix de la France, comme l'a fait comprendre le prince, ont été troublés, et si le bonheur et la paix de l'Espagne paraissent à jamais perdus, la faute n'en saurait être au roi : le prince a rendu le repos à la France ; il a tout fait pour empêcher le malheur de l'Espagne. Où sont donc les coupables? C'est aux colléges électoraux à prononcer.

Il s'agit électeurs, de la Charte que le roi vous a donnée, de vos droits et de vos sermens ; il s'agit même de vos intérêts particuliers, car la domination du parti fanatique, n'en doutez pas, serait mille fois plus funeste à vos champs, à vos ateliers, à vos comptoirs, que l'anarchie des plus fougueux révolutionnaires.

Aux maux qu'ils nous ont déjà faits, n'est-il pas facile d'apprécier ceux qu'ils nous peuvent faire.

La guerre d'Espagne a été leur ouvrage. Ils devaient la faire ou périr ; car, là où les nations sont quelque chose, ils ne sont plus rien. La concurrence les tue, et s'ils l'ont soufferte chez nous, c'est après l'avoir faussée, pour la détruire bientôt.

Mais n'est-il pas vrai, fabricans, que, du jour où cette guerre a été résolue, l'essor de votre brillante industrie a été arrêté? N'est-il pas vrai, armateurs et négocians, que vous avez perdu en assurances inutiles, en pertes de navires, en dépréciations de marchandises, des sommes incalculables? N'est-il pas vrai, agriculteurs, que vos produits n'ont jamais été plus avilis? N'est-il pas vrai, capitalistes et banquiers, que les valeurs dont vous alimentez la circulation générale, dont vous nourrissez tant de travaux, ont décru de plusieurs centaines de millions? Et vous tous, à présent que la guerre est finie, ne voyez-vous pas dans son issue, dans l'état misérable de l'Espagne, dans la situation politique où vos intérêts se trouvent placés à l'égard de presque tout le nouveau monde et des îles qui en dépendent, ne voyez-vous pas, au lieu de l'espoir d'y réparer vos pertes, de nouveaux motifs pour les accroître.

Etait-il donc si difficile de prévoir qu'après avoir rétabli l'ancien régime en Espagne, et lui avoir offert pour le jour de son triomphe des vaisseaux et des trésors (1), nous placions toutes les

---

(1) Note du président du conseil au gouvernement des cortès (25 décembre 1822).

anciennes possessions espagnoles, irrévocablement dévouées à leur indépendance, dans un état de défiance et d'hostilité à notre égard?

Déjà, négocians et armateurs, vous l'avez senti, et au lieu de ces vastes contrées où éclatait de toutes parts une salutaire prédilection pour les produits de l'industrie française, vous ne voyez plus que des dangers et des ennemis; vous retenez vos vaisseaux dans le port, et si ceux que vous attendiez ont pu quitter leur destination avant que les décrets de Ste-Marie y soient parvenus, vous les voyez rencontrant sur leur route les nombreux navires de nos rivaux, portant sur tous les points de l'Amérique, pleins d'orgueil et de joie, les agens protecteurs de leur commerce et de leur industrie.

Croyez-en de pareils faits, je vous le répète, et laissons s'il le faut de côté ces vigilantes théories qu'il nous eût été portant plus profitable d'écouter.

Les faits parlent de toutes parts. Laissez-là nos appréhensions, nos raisonnemens, nos conjectures. Interrogez les faits, ou seulement daignez les écouter.

Des Espagnols franchissent les Pyrénées sur tous les points, depuis Perpignan jusqu'à Bayonne; ils débarquent à Marseille et à Calais; ils se répandent sur toute la surface de la France. Courez au-devant d'eux. Reconnaissez d'abord à leur langage, à leurs manières nobles et polies, les citoyens les plus distingués, les plus instruits, les plus riches de la société, et demandez-leur ce que fait le parti fanatique lorsqu'il triomphe. Fanatique! je lui fais trop d'honneur : il ne mérite pas même ce titre; car il fanatise et n'est pas fanatisé. C'est à son instrument et non pas à sa croyance qu'il a dû d'être ainsi nommé.

Ils vous répondront, ces Espagnols :

Qu'ils auraient préféré mille morts au triomphe d'un parti auquel depuis trois siècles l'Espagne doit tous ses malheurs; qu'ils ont cru notre prince et le sang de nos rois; que malgré ses promesses, son humanité, sa modération, leur armée eût encore suffi à leur défense si, parmi ses chefs, l'un n'eût pas cédé à la même confiance, l'autre n'eût pas été entraîné par son amour-propre offensé, et celui-là n'eût pas succombé à la séduction.

Ils vous diront qu'Alava expire de chagrin à Gibraltar pour avoir garanti sur sa tête à tous ses collègues, au retour du quartier-général français, qu'à l'arrivée du roi à Ste - Marie, une amnistie générale serait accordée et une constitution promise.

Et qu'à Dieu ne plaise d'ailleurs que leur esprit s'arrête un seul instant au doute le plus léger sur la foi sacrée du prince, dont les actes de bienfaisance, de modération, d'humanité et de sagesse suffiraient seuls à calmer leurs souffrances, si elles ne renaissaient d'elles-mêmes du foyer de malheurs qui reste allumé chez eux.

Le prince, évidemment, ne voyait de terme heureux à sa pénible entreprise, que le pardon pour le passé et des institutions pour l'avenir. Il n'a pu y engager sa parole; le principe même de la guerre s'y opposait : mais le sentiment d'une profonde conviction, mais l'ascendant que lui promettait la victoire, mais l'impulsion de son cœur, mais l'intérêt de sa propre gloire ont éclaté dans tous ses actes, ses proclamations, ses audiences, ses capitulations militaires, son ordonnance d'Andujar. Il a donc eu la main forcée, ou par la position dans laquelle l'entreprise du ministère l'avait engagé, ou par les rigueurs imprudentes d'une politique qui n'était pas la sienne

Aussi l'ont-ils vu, ces Espagnols, se dérober avec autant de modestie que de douleur, sans doute, à tous les triomphes dont on a fait parade de vouloir l'accabler en Espagne ; et en France même voient-ils que, sans l'exigence du ministère, à qui un triomphe public était indispensable pour cacher ses fautes, le prince serait rentré sans éclat dans le palais de ses pères, glorieux seulement d'avoir commandé les plus braves soldats du monde.

« Quoiqu'il en soit, poursuivent ces Espagnols, nos ennemis et les vôtres triomphent. Négocians, propriétaires, avocats, poètes, savans, nous sommes tous plus ou moins compromis, par cela seul que nous voulions tout autre chose que ce qui a fait depuis cinq siècles notre malheur. Les moines, rentrés dans leurs couvens, ont ressaisi leurs dîmes et privé la société de leur travail ; le peuple, dont on s'est servi pour triompher, ne veut pas plus payer qu'autrefois : les troupes de la Foi, rassemblées pour piller, se dispersent pour voler ; les troupes constitutionnelles licenciées n'ont de ressource que le vagabondage ou le désespoir : on ne peut faire un pas sans exposer sa vie ou sa bourse ; les caisses sont vides, le gouvernement sans crédit ; il a fait banqueroute aux derniers prêteurs, et il se flatte d'en trouver d'autres ; l'État a perdu toutes les garanties affectées à la liquidation de la dette ; les biens nationaux vendus comme chez vous, mais avec cette différence que le Roi avait sanctionné ces ventes, et que nous les avions payées en bons écus comptans, sur le pied de 5 à 6 pour cent, ont été arrachés aux acheteurs et leur argent retenu : tel est l'état de notre malheureux pays ; voilà le règne des fanatiques. »

Courez à présent à la rencontre de nos braves soldats.

Ils se sont couverts de gloire chaque fois qu'ils ont trouvé à se battre; ils ont honoré la victoire en se dévouant à la protection des vaincus; ils ont conservé la plus noble discipline, et la dignité de leur uniforme, à côté des alliés les plus insubordonnés et les plus vindicatifs. On eût dit, et ils vous le répéteront, que ces alliés étaient leurs ennemis.

» A quelque chose, malheur est bon, vous diront-ils encore; nous revenons de là plus français, plus constitutionnels que nous n'y sommes entrés. Quel ignoble spectacle que celui du fanatisme et du pouvoir absolu! Le vol, le brigandage, le sang, l'inquisition, les cachots, la potence, et, par dessus tout cela, esclavage et misère : voilà ce que nous avons vu. Ah ! nos amis, nos concitoyens, vive le Roi, vive la Charte ; conservons ce bien précieux, et souvenons nous que le roi en a commis la garde à nos armes et aux vôtres (1). »

____

(1) Un officier parti de France avec les sentimens d'ultracisme les plus exagérés, résumait d'une manière remarquable, en écrivant à sa famille, la véritable situation de l'Espagne, et le parallelle des deux partis belligérans :

Si je fusse né Espagnol, écrivait-il, je serais constitutionnel.

Que de choses dans cet aveu !

Ecoutez enfin le prince lui-même, leur digne généralissime, l'héritier présomptif de la couronne :

Elevez vos disciples, dit-il, au chef de l'Université, dans l'amour des institutions que le roi nous a données.

Comptez, dit-il, au ministre d'une autre religion que celle de l'état, comptez sur l'affermissement des institutions du roi.

La guerre d'Espagne, dit-il, à un chef de la magistrature, aura concouru à l'affermissement de nos institutions.

Que voulez de plus, Français, pour être épouvantés du sort que les fanatiques vous préparent, pour être convaincus que nos princes sont vos protecteurs contre leurs tentatives, et vous demandent des amis de la Charte pour leur répondre. Vous avez entendu les Espagnols, l'armée et le prince. Ecoutez maintenant nos fanatiques, lisez leurs pamphlets, leurs journaux, où la Charte n'est plus qu'une ordonnance réformable à volonté, qui n'engage pas même celui qui l'a donnée, et dont on peut attaquer un article à condition qu'on attaquera tous les autres.

Voyez près de vous les congrégations religieuses se disposer à devenir des couvens, les séminaires qui sont déjà des colléges, une société bannie de la France par nos rois, bannie du monde entier, jeter le masque et montrer sa soutane, affilier les séculiers, s'emparer de l'instruction publique, en revendiquer le privilége exclusif. Leur robe courte est un brevet d'avancement. Et si on les laisse faire, il n'y aura bientôt plus d'employé qui ne la porte, non par opinion ou religion, mais par intérêt, par hypocrisie : car nul ne sera juge de paix, avoué, notaire, huissier, même garde-champêtre, s'il n'est pas jésuite.

Ils tremblent cependant, depuis que les paroles augustes que je viens de citer ont été prononcées.

C'en est fait, disent-ils, le prince est constitutionnel, son auguste épouse et son noble père veulent l'être; on cite mille traits qui ne permettent pas d'en douter: mais n'importe, nous sommes pour quelque chose au pouvoir, et ce qui est différé n'est pas perdu.

Ils ont à moitié raison, électeurs constitutionnels! le roi, les princes, la fille de nos rois que vous saluerez un jour du nom de reine, ils sont à nous, comme nous sommes à eux. Les craintes ridicules, les préventions atroces dont on avait essayé de frapper leurs esprits sont dissipées. Entre eux et nous, l'épreuve est faite : le sang de nos frères l'a cimentée, la victoire l'a proclamée.

Ils nous ont demandé nos proches et nos enfans;

ils se sont confiés à eux , et ceux-ci , sans s'arrêter au mal qu'ils allaient nous faire , obéissans et dévoués , ont suivi le panache du fils de Henry , et avec lui, dans sa personne , la gloire et l'humanité ont couronné leurs efforts.

Ils ont demandé de l'argent à notre confiance, et alors même qu'il était permis de craindre que nous n'en gagnerions plus , cet argent est venu remplir leur trésor.

Ils sont à nous vous dis-je ; ils veulent la Charte comme nous les voulons.

Surmontez donc ce découragement que tant de dégoûts et d'entraves ne peuvent justifier. Ils ne viennent pas de nos princes ; ils appartiennent à ces mêmes ministres que vous allez juger. Armez-vous contre ces obstacles d'une prévention salutaire ; vous ne les devez qu'aux hommes qui ont fait la loi, et à la loi qui les a faits ministres. Sachez les franchir : vous trouverez derrière , le Roi et la Charte.

Par un concours de circonstances que la providence semble avoir conduit, l'événement politique que la civilisation semblait avoir le plus à redouter , peut produire en résultat la preuve la plus éclatante de l'erreur et de l'impuissance de ses ennemis.

L'Espagne désormais s'offre, aux générations présentes et aux siècles à venir, comme l'éternelle leçon des peuples et des rois.

Regardez l'Espagne, souvenez-vous de l'Espagne, sont les accablantes paroles dont l'hydre contre-révolutionnaire, incessamment menacée, ne pourra plus braver la puissance ; il suffira pour la combattre, de se souvenir de l'Espagne reconquise au pouvoir absolu, de l'avoir sans cesse présente à l'esprit, et d'en écouter les foudroyantes leçons.

Voyez déjà quels embarras, qui semblent insurmontables, naissent les uns des autres dans ce malheureux pays, pour ceux au profit desquels il vient d'être *restauré*, et pour ceux qui peuvent sans contestation revendiquer toute la gloire de l'entreprise.

Voyez le résultat de cette réunion de tous les prêteurs de l'Europe. Le Ministère qui a créé la situation embarrassante d'où il ne peut plus sortir tout seul, les a appelés à son aide. Il faut en effet abandonner le pays à lui même, y laisser recommencer la révolution qui nous y rappellerait de nouveau, ou le mettre en état de soutenir un gouvernement, de nourrir une administration, de solder une force publique quelconque : mais à défaut de contributions possibles, il faut du crédit.

Le crédit ne peut s'obtenir que par la reconnais-
sance des anciennes dettes., et des garanties que les
propriétés nationales pourraient seules présenter,
puisqu'il y a nullité de revenus..

Mais les principes qui triomphent, mais le système rétabli, ne peuvent se concilier avec la re-
connaissance d'aucun acte du gouvernement détruit, ni avec la restitution forcée des propriétés
nationales au clergé.

Il est donc démontré, ont dit Messieurs les prêteurs à nos ministres, que l'Espagne régénérée,
ni la France régnératrice, ne peuvent nous accor-
der ce qu'il nous est indispensable de leur demander.

Ce n'en est pas moins, pour la justice de notre
cause, un spectacle rassurant que celui de la puissance ministérielle d'un grand état, représentant
peut-être celle de plusieurs autres, qui s'humilie
devant les obstacles, et ne trouve plus, ni dans
ses pouvoirs, ni dans ses ressources, les moyens de
terminer l'œuvre inconsidérée qu'elle a osé entre-
prendre, le repos et le bonheur de l'Espagne : son
repos surtout. C'est là ce qu'elle disait ambition-
ner ; c'est du moins à un état de quiétude, de
triomphe et de commandement qu'elle aspirait
d'arriver, et que la septennalité en France eût si
heureusement consolidé. Mais l'entreprise est finie,

et Dieu sait si c'est du bonheur, si c'est surtout du repos que le ministère peut se flatter d'avoir donné à l'Espagne.

Il est donc vrai que, pour l'erreur comme pour l'injustice, les questions deviennent plus difficiles à résoudre à mesure qu'elles se simplifient. Il est donc vrai qu'en se laissant aller au mal, on se précipite vers le terme qu'il n'est plus possible de franchir ? Il est donc vrai qu'un pouvoir qui méprise les conseils de la raison, alors même qu'il n'a plus d'ennemis à combattre, trouve, dans les conséquences forcées de ses actes, des difficultés qu'il ne lui est plus donné d'éviter, à moins de rebrousser chemin ? Il est donc vrai enfin qu'il se crée à lui-même l'obstacle qui doit l'arrêter ? Mais Dieu préserve les nations de ces épreuves désastreuses, de ces leçons du temps et du destin. Par combien de malheurs, de déchiremens et de larmes ne sont-elles pas payées ! Électeurs, accourons et opposons-nous de toutes nos forces à l'égarement, à l'incurie ou à la passion, qui feraient recommencer à la France la terrible école de sa révolution.

CHAPITRE III.

Des Intérêts.

ÉLECTEURS qui n'avez pas cru qu'on en voulût sérieusement à la Charte ; électeurs qui pensiez que les intérêts sociaux, que la révolution et le temps ont créés parmi nous, ne sauraient être menacés ; électeurs qui n'avez pu vous persuader que les principes défendus par l'opposition fussent en effet la garantie de vos droits civils, religieux et politiques, du libre exercice et de la prospérité croissante de vos travaux et de votre industrie, c'est à vous surtout que je m'adresse. Venez, examinons, sans préoccupation et sans haine, quels sont déjà vos intérêts atteints ou compromis.

Vous avez pu vous méprendre, on a pu vous tromper sur le véritable but de quelques doctrines abstraites, défendues avec tant de courage et d'énergie par nos députés constitutionnels ; mais, vous le voyez aujourd'hui, ces doctrines n'étaient que le boulevard de vos droits les plus chers, de vos biens les plus précieux. Concevez-vous maintenant cette ardeur patriotique, cette indignation généreuse, ces démonstrations de dévouement et de dégoût qu'a fait éclater l'opposition insultée , op-primée , calomniée ? C'est de vos intérêts qu'il s'agissait; et dans sa pensée comme dans son cœur, le trône et la Charte unis et respectés comme une seule et même institution, pouvaient uniquement les garantir des prétentions et de la fureur d'un parti qui ne veut rien moins qu'exercer sur vous des droits de conquête et de vengeance.

Vous avez des intérêts de conscience et de re-ligion ;

Des intérêts civils et politiques ;

Des intérêts de propriété et d'industrie :

Ils sont tous compromis, ou près de l'être.

La religion de l'évangile , celle pour qui tous les biens de ce monde ne sont rien , celle dont les pasteurs doivent à leur troupeau l'exemple de l'indulgence , de la douceur et de l'humilité ; comme un ciel pur après l'orage , reprenait son bienfaisant empire sur nos cœurs. Elle pardonnait , elle conciliait, elle consolait; à l'écart de la poli-tique , étrangère à tous les partis , sur son territoire neutre et sacré , elle les attirait tous vers l'autel de paix et d'espérance; et à la porte de ses temples, restaient éteintes et oubliées les torches ensanglan-tées de l'anarchie et de la discorde.

Devenue étrangère au gouvernement et à l'administration de l'état, elle se dévouait tout entière au salut des fidèles et à la gloire de Dieu, et avec l'influence politique et les intérêts personnels qui l'absorbaient sous l'ancienne monarchie, avaient disparu l'incrédulité affectée à l'athéisme de bon ton qui, sous les derniers règnes, déshonorèrent les hautes classes de la société.

Cette heureuse direction de la puissance religieuse a changé ; et au grand regret de la plupart de ses humbles ministres, une impulsion toute politique, où se font sentir les vœux implacables d'un parti et le doigt ennemi de l'étranger, l'excite à redevenir ambitieuse, intéressée et dominante. Elle se mêle à tous les intérêts humains. Elle aspire aux richesses. Elle brigue l'autorité : déjà elle la possède. La religion a reperdu de son ascendant et de ses charmes; l'église a regagné du pouvoir.

Saisissant l'homme au berceau pour s'en rendre plus facilement maîtresse, elle se charge exclusivement de l'éducation de nos enfans : elle préfère le pouvoir de la direction, l'administration intéressée de l'école, à la douce influence qu'exerçait le simple et pauvre aumônier, dont la chapelle était en effet l'asile du repentir et de la grâce. L'écolier ne voit plus qu'un maître au lieu d'un protecteur et d'un guide. Il résiste à son autorité ou il la trompe, et le caractère du chef d'études a détruit le respect de l'habit religieux. Il rentre au sein de sa famille, indocile ou fanatisé.

Dans la société, c'est tout de même. On n'y reconnaît plus le pasteur de la foi, le successeur des apôtres, dans celui qui veut conseiller ou diriger le ministère, la préfecture, la mairie, dans celui qui, par des considérations politiques, refuse l'entrée du temple à un chrétien qui s'y présente, pour offrir à l'église un chrétien de plus, ou qui s'élance au-delà de ses portes, pour s'opposer, avec la police, au succès de nos élections.

La crainte et l'effroi sont à leur comble, lorsqu'on voit un parti réclamer, pour l'église, les registres de notre état civil, et qu'il dépendra d'elle de condamner au néant notre existence sociale, par le refus arbitraire du sacrement du baptême et de l'union conjugale.

De son côté, l'aristocratie qui marche parallèlement avec le clergé, qui l'aide et qui s'en sert pour arriver à ses fins, sauf à se brouiller avec lui au jour du triomphe :

Unis pour le butin, divisés au partage ;

cette aristocratie a déjà sensiblement blessé nos droits civils et politiques.

Non contente de la chambre haute, qui lui était

réservée par la Charte, à la condition que la chambre basse appartiendrait essentiellement à l'élément démocratique, n'a-t-elle pas porté l'ambition jusqu'à se rendre maîtresse de la chambre basse par le double vote, l'arbitraire des exclusions, les entraves de toute nature, et à disposer par le ministère qu'aurait ainsi produit la chambre des députés, d'une majorité constante dans la chambre haute, incessamment ouverte et sans aucune mesure aux créatures du pouvoir !

Et quelle aristocratie, grand Dieu ! la pire de toutes, celle des pensionnés, des salariés de l'état.

Et cette ambition est déjà réalisée ! et la septennalité d'une pareille organisation du pouvoir vous est audacieusement demandée !

Les pensionnés, les salariés du pouvoir ! Cela vous choque, nous disent-ils : eh bien ! cela nous choque aussi ; et pour avoir à l'avenir une véritable aristocratie, nous reviendrons au bon vieux temps. Les aînés auront tout ; les cadets iront à l'armée ; les filles iront au couvent.

Voyez-vous, Électeurs, comme derrière un principe, il y a toujours un intérêt. Comptez les millions de Français que cette mesure législative condamnerait à la dépendance et à la misère. Toutes les familles se composent, l'une dans l'autre, de 4 à 5 individus, dont 3 à 4 enfans. Voilà donc les trois cinquièmes de la France condamnés à la dépendance ou au dénuement.

Mais ce droit de propriété, garanti aux trois cinquièmes de la France, par la Charte et par nos codes, serait-il plus sacré que d'autres droits de propriété également garantis par elle?

Écoutez les journaux du parti, si significatifs et si redoutables depuis que l'effet suit presque immédiatement leurs paroles.

C'est pour la sécurité des acquéreurs de biens nationaux, vous disent-ils, qu'il sera proposé une indemnité pour les anciens émigrés.

La sécurité des acquéreurs a donc besoin d'une autre garantie que celle de la Charte? Celle-ci ne suffit donc pas? Et quand vous l'aurez donnée par une loi, cette garantie, la garantie de la loi sera-t-elle plus forte que celle de la charte?

Oserez-vous demander à ceux qui accepteront cette indemnité, qu'ils reconnaissent les ventes qui les concernent? Et si vous ne l'osez pas, n'en résultera-t-il pas qu'ayant reconnu le principe de l'indemnité, vous aurez implicitement établi que cette indemnité devait être débattue? que ne l'ayant pas été, ce n'est plus qu'un dédommagement à valoir, qui peut bien représenter quelques années de revenus, mais jamais le capital et les intérêts, et les intérêts des intérêts?

Mais auront-ils blessé, électeurs, les seuls intérêts des acquéreurs de biens nationaux, en agissant
de la sorte? Et les contribuables qui auront à payer
cette indemnité en capital ou en intérêts, le feront-
ils tous de gaîté de cœur? Serait-il d'ailleurs possible, sans accumuler des haines et préparer des
représailles, d'indemniser ceux qui ont abandonné
leur roi et leur patrie, qui pourtant ont retrouvé
en masse une grande partie de leurs propriétés,
qui d'ailleurs ont le monopole des places et des
faveurs, et de laisser dans le dénûement et l'oubli
ceux qui ont tout perdu par les confiscations, le
maximum et les assignats.

Voilà pourtant où conduit un premier pas hors
de la Charte. Du jour où la loi des élections a cessé
d'être en harmonie avec sa lettre et son esprit,
nous avons marché à ce résultat. Le parti qui nous
y conduit n'est pas plus blâmable aujourd'hui qu'a-
lors. Il a obéi à l'instinct de sa conservation, aux
conditions de son existence. Le droit d'aînesse, le
rétablissement de l'ancienne noblesse dans son ancienne fortune, sa suprématie, sa domination, ses
priviléges, lui sont aussi indispensables que l'a été
la guerre d'Espagne.

De ces intérêts civils et politiques, atteints ou
compromis, je ferais facilement découler les pertes
ou les dangers de nos intérêts matériels.

Examinons-les néanmoins séparément.

La première conséquence de la dernière loi des élections a été l'éloignement ou le discrédit des organes du commerce et de l'industrie, la faveur et le triomphe des organes de l'aristocratie ou de la grande propriété. Cherchez en effet, sur la liste des candidats du ministère, des présidens des colléges électoraux, cherchez un seul nom populaire dans nos ports et nos ateliers; vous le chercheriez en vain.

Aussi n'est-ce aucun des impôts pesant plus directement sur le peuple qui a été diminué? C'est l'impôt foncier. C'est la charge spéciale de la grande propriété.

Aussi est-ce sans considération pour le commerce et l'industrie que la guerre d'Espagne a été entreprise, et que tant d'autres mesures de principe et de rigueur, déjà hautement annoncées, le seront successivement.

Aussi est-ce un mal réel, un état de dépérissement et de rétrogadation, qu'éprouvent le commerce et l'industrie.

Cet état de choses est fatal à la France, et le sera chaque jour davantage.

Pour satisfaire aux charges énormes de l'impôt,

pour écouler ses produits agricoles, et pour ouvrir une carrière à sa population croissante, il ne fallait rien moins à la France que ce grand développement de commerce et d'industrie, auquel elle s'était déjà si heureusement livrée, sous la garantie de la Charte et de la paix. Les pertes incalculables causées par la guerre d'Espagne lui avaient porté les plus sensibles coups. L'émancipation de l'Amérique Espagnole, le brillant avenir de ce vaste continent, le goût de ses habitans pour nos produits, étaient autant de motifs d'espérances, de travail et de spéculations.

Mais à la première nouvelle de notre agression purement monarchique contre l'Espagne, Buenos-Ayres vote cent millions contre nous, nos agens au Mexique sont jetés dans les cachots; et au Brésil, à Colombie, à la Havane, on s'arme, contre nos concitoyens, de defiance et de rigueur. Mais qu'en sera-t-il donc, lorsque la nouvelle du rétablissement du pouvoir absolu en Espagne, par les trésors et les soldats de la France, et la crainte si naturelle qu'elle prétende lui soumettre aussi ses colonies rebelles, auront retenti tout-à-coup sur les plages républicaines de l'hémisphère Américain?

Au même instant paraîtront les Anglais, saluant l'indépendance des nouvelles républiques, accréditant des agens auprès d'elles, leur offrant à-la-fois de l'or, des vêtemens et des armes, s'assurant des traités avantageux, et nous excluant déjà de toute concurrence, par les préférences et les priviléges qu'ils auront eu le soin de stipuler en leur faveur,

Reconnaissez-vous à présent, électeurs, comment la violation d'un principe conduit à la ruine des intérêts ?

L'Amérique, perdue pour nous, après tant de pertes causées par la guerre d'Espagne!

Où se dirigeront en effet nos vaisseaux et nos produits, grace à la politique ministérielle?

Dans le Levant, nous n'avons pour nous ni les Turcs ni les Grecs. Nous y avons perdu notre ancienne prépondérance, nos priviléges et nos droits.

Saint-Domingue est forcé de nous préférer les Anglais, puisque nous persistons dans nos anciennes et légitimes prétentions.

Nos misérables îles de la Martinique et de la Guadeloupe dépérissent sous le système combiné des abus de l'ancien régime et de la fiscalité du nouveau, et restent étrangères à leur destination naturelle, aux nouvelles voies de prospérité qu'exploitent exclusivement les Antilles Anglaises, devenues l'entrepôt général des productions des deux mondes.

La Havane, qui se fût jetée dans les bras de la France constitutionnelle, plutôt que d'accepter la protection anglaise, préférera peut-être se soumettre en apparence au joug de la métropole, à une tentative dangereuse d'indépendance ; elle n'accueillera pas mieux désormais les Français que les Anglais.

En Afrique, en Asie, nous restons sans autre abri, sans autre abord que ceux où les Anglais nous tolèrent.

L'Amérique Espagnole tout entière nous tendait les bras. Ses peuples aiment nos mœurs et notre langage. Elle se fût attachée à la France libérale, servant de modèle et de guide aux monarchies constitutionnelles, respectant l'indépendance de tous les peuples, servant ainsi de garantie à la sienne, et marchant à la tête de la civilisation. Elle se fermera à la France relevant en Espagne le pouvoir absolu, et détruisant chez elle le gage sacré de ses propres libertés.

Quel avenir reste-t-il, d'après cet état de choses, à l'industrie et au commerce? Hélas! ils sont sans lendemain, et elles ne sont que trop actives, les causes de leur souffrance et de leur dépérissement.

Pères de famille, vous savez à présent ce qui cause votre anxiété sur l'avenir de vos enfans.

𝔰 ꞇ Agriculteurs, vous vous expliquez la dépréciation constante de vos denrées et l'encombrement ruineux de vos greniers.

Armateurs et fabricans, vous voyez ce qui, indépendamment de vos pertes, vous fait retirer une grande partie des capitaux et du crédit dont vous jouissez.

Ces capitaux dont on vous appauvrit, vont enlever les inscriptions de la Bourse, et renchérir les valeurs de l'état, jusqu'à ce que vos pertes et l'inaction des travaux, attaquant la source de l'impôt, viennent réagir de nouveau sur elle en sens contraire ; comme les crédits qui se retirent réduisent à rien les valeurs du commerce en circulation, et dirigent ainsi momentanément sur les fonds publics les capitaux qui les employaient.

Vous demandez des fonds sur hypothèques, et vous n'en obtenez pas davantage. Les plus vastes manufactures n'ont de valeur que par l'activité et le bénéfice de leurs travaux.

Voulez-vous avoir, les uns par les autres, la preuve de l'épuisement ou de la nullité de vos rapports, consultez la Banque de France ?

Sur cent millions de capital, qui lui permettraient d'avoir 300 millions en circulation, elle a eu en porte-feuille jusqu'à 140 millions de valeurs escomptées. Sa commune, dans les dernières années, a été 80 à 90 millions: elle a 30 millions d'escompte en ce moment; et en supposant que cette proportion s'établisse à 20 millions, ce qui n'est que trop probable, la banque de France ne serait pas au 15ᵉ de son utilité présumée. Ces 20 millions lui produiraient huit cent mille francs d'intérêt. Elle a 900 mille francs de frais. Elle serait en perte de 100 mille francs.

Le dividende qu'elle distribue en ce moment a été uniquement produit par ses opérations avec le Gouvernement, dont elle est devenue la propre banque, n'étant plus bonne à rien pour un commerce auquel elle n'a jamais été fort utile, mais dont la nullité la prive aujourd'hui de tout aliment.

Tel est le mal présent; et il ne donne qu'une faible idée de celui qui vous menace, si notre administration ministérielle ne change pas de direction, si la France n'est pas rendue au rôle éminemment glorieux que lui assignent son existence politique, ses lumières, son industrie, sa population; si, au lieu de s'élancer vers les brillantes destinées que sa civilisation lui a faites, elle tend à rétrograder vers les âges de barbarie, d'ignorance et de fanatisme.

Electeurs, cette direction salutaire, il dépend de vous de l'imprimer au ministère. Le Roi et la

Charte vous en confèrent le pouvoir, et vous en of-
frent l'occasion unique et solennelle. Hâtez-vous :
qu'aucune considération ne vous retienne ; ce serait
trahison ou stupidité. Il s'agit de vos intérêts les
plus chers, du bonheur de votre Roi et de la gloire
de la France.

CHAPITRE IV.

Des Élections générales.

Pour juger sainement de nos devoirs, Électeurs, laissons un moment de côté les doctrines et les conjectures que l'opposition s'est constamment efforcée de vous présenter comme des avertissemens salutaires, et après avoir écouté nos intérêts, attachons-nous aux faits, dont l'éloquence est si frappante.

Le ministère, dont la conduite vous est soumise par le Roi lui-même, a fait la guerre d'Espagne.

Lui seul l'a faite : lui seul, en tout cas, en est responsable. Le Roi ne fait que le bien. Le Roi ne peut avoir tort. *The king can do no wrong.* C'est aussi le principe constitutif et conservateur de notre Charte, de notre existence politique.

Mais la preuve matérielle que c'est le ministère qui l'a faite, la voici.

Le grand écrivain du parti qui a fait le ministère, peu de jours avant qu'éclatât la révolution de l'île Léon, nous vantait le gouvernement de

Ferdinand VII, comme le modèle des gouvernemens, et son pamphlet se distribuait à Cadix le
jour même où l'utopie monarchique du noble
Vicomte succombait sous le poids de ses erreurs, de
ses abus et de sa misère.

Ce même écrivain est celui qui nous a rapporté
de Vérone, la guerre, póur réédifier à l'instant
même ce monument tombé en ruines. Il n'avait pu
se tromper sur le meilleur des gouvernemens possibles : il fallait donc le rendre à son parti sans la
moindre modification, et tel absolument que sa
brillante plume l'avait décrit. La guerre fut résolue. Il fut nommé ministre pour la faire. Il l'a
faite, et la monarchie espagnole de 1819, avec
ses moines, ses alguazils, ses dettes, sa misère, ses
abus, vient d'être heureusement restituée à l'Espagne, renforcée et embellie de la banqueroute,
des proscriptions en masse, des vengeances, de l'oc-
cupation étrangère.

Il était de bonne foi, je n'en fais aucun doute. Il
se persuadait que le silence et la soumission du
peuple espagnol, étaient des signes caractéristiques
de son repos et de son bonheur ; comme il se per-
suade encore, de très-bonne foi probablement,
que les danses organisées pour la réception de nos
troupes dans quelques villes d'Espagne, l'appari-
tion des nains et des géans de Séville, et le char

de 25 pieds de haut sur lequel S. M. C. a fait son entrée triomphante dans la capitale , sont les preuves incontestables de la joie des Espagnols et du retour , pour eux, de la paix et de la fortune.

A Dieu ne plaise donc que je croie le ministère entier , associé à cette entreprise , autrement coupable que d'une erreur , et qu'une seule de mes pensées s'arrête à l'affreuse supposition qu'il a fait le mal sciemment et pour le plaisir de le faire! Je n'ai pas même une pareille opinion du parti qu'il représente.

Mais comme c'est avec de semblables erreurs que le mal arrive ; et qu'il conduit tout droit les peuples aux plus sanglantes révolutions , il nous sera sans doute permis de les signaler et de le redresser si c'est possible.

Quant à la situation de l'Espagne avant sa révolution et depuis sa contre-révolution, il vous suffit, je crois, Électeurs, de vos souvenirs et du témoignage vivant des Espagnols ,. des soldats , des officiers français qui traversent en ce moment vos villes et vos campagnes. Je m'en rapporte à eux.

Mais si l'ancien régime espagnol était une si belle chose , si une guerre si dispendieuse a été faite pour le rétablir , serait-il donc possible qu'il ne nous en revînt rien , et que tant d'heureuses coutumes administratives et religieuses nous restassent tout-à-fait étrangères ? Cela peut être ; mais ou la prévoyance n'est jamais qu'illusion , ou il faut se défier pour nous , des conséquences immédiates, des effets inévitables de l'œuvre que nos ministres viennent si glorieusement d'accomplir.

N'existe-t-il pas déjà parmi nous des signes irrécusables de l'application progressive qu'on veut nous faire du système dont on a pu impunément brusquer le rétablissement en Espagne?

En fait de moines et de puissance ecclésiastique, n'avons-nous pas déjà des couvens et des jésuites ? N'avons-nous pas à-peu-près toute l'instruction publique remise aux mains des prêtres , et assujétie par conséquent aux conseils et aux doctrines de leur intérêt politique , tout autant au moins qu'aux préceptes de la douce et charitable religion de l'Évangile ? N'avons-nous pas le principe du privilége aristocratique dans la loi même qui fait toutes les lois , dans la loi électorale ? Ne voyons-nous pas dans les discours et les journaux du parti à qui nous devons le ministère qui nous gouverne , et à qui nous devrons ce qu'il demande , comme nous lui devons ce qu'il a demandé , l'aperçu de tout ce qu'il lui reste à nous imposer :

Le mépris de la foi jurée à la Charte , la légitimité de son renversement ; les registres de l'état civil restitués au clergé, le clergé propriétaire et indépendant ; le droit d'aînesse rétabli, ce droit d'aînesse qui à lui seul est une contre - révolution tout entière, et dont le ministère lui-même ne dissimule plus le vœu dans le *Journal des Débats*, du 26 décembre ; l'éloge de la résolution de la diète germanique, qui reconnaît à l'électeur de Hesse la faculté de reprendre tous ses biens aliénés ; celui des actes de Ferdinand, où l'on ne se lasse pas d'applaudir, et le rejet des emprunts contractés par l'État durant les trois dernières années, et le rétablissement de la dîme, et l'annulation des ventes de biens nationaux, montant à plus de 60 millions de piastres, effectués sur les décrets royaux, en présence du Roi, et soldées en bons écus comptans sur le pied de 5 à 6 pour cent de revenu ?

N'y voyons-nous pas l'accueil fait aux sept années durant lesquelles, sans le contrôle annuel que prescrivait la Charte, l'œuvre entreprise et si bien préparée pourra tranquillement s'achever ? N'y voyons-nous pas aussi, enfin, la réédification successive commencée ou promise, de notre ancien régime, dont nous ne pouvons pas plus nous passer que l'Espagne ?

Oui, sans doute, Électeurs, sans le Roi, ce serait bien cela dont nous menacerait un parti, à l'insu même peut-être du ministère qui le favorise.

Mais dans une circonstance tout-à-fait identique, et lorsque, comme en 1816, la majorité de la Chambre qui fait le ministère, a provoqué une entreprise funeste, et menace enfin le pacte social lui-même dans ses principes les plus essentiels ; lorsque ses écrivains et ses journaux n'en respectent plus un seul article ; lorsque l'œuvre entière du Roi est sur le point de périr ; aujourd'hui, comme alors, le Roi dissout la Chambre, réunit les colléges électoraux, et consulte dans la personne de leurs élus, l'opinion de la France entière.

Nous l'avons déja reconnu, Électeurs, il serait possible d'interpréter autrement l'exercice de la prérogative royale, qui ne peut jamais avoir d'autre but, qu'il suffirait d'arrêter un moment notre attention sur la cause et les motifs de cette dissolution, tels que le ministère nous les expose, pour ne nous laisser aucun doute à cet égard.

Il ne renvoie, dit-il, sa majorité, que pour que vous la lui renvoyiez intacte.

Il vous demande des députés de cinq ans, pour en faire des députés de sept.

Vous les aurez nommés pour qu'ils respectent la Charte ; il les appelle pour la violer.

Vos députés devront se retirer par série et par

cinquième chaque année , et il obtiendra d'eux qu'ils se perpétuent durant sept ans.

Il aurait pu faire décider la septennalité par une Chambre qui eût été avertie au préalable de sa prochaine dissolution , et qui l'eût par conséquent votée avec désintéressement ; et il préfère la proposer à des mandataires qui , au mépris de leur mandat et de leurs mandans , s'arrogeront une étendue de pouvoir arbitraire et illégale.

De ce que nous combattons le renouvellement intégral par respect pour la Charte , il conclut logiquement que nous repoussons une disposition favorable à la liberté , que nous sommes en contradiction avec nos doctrines.

Et de ce que nous repoussons la septennalité comme inconstitutionnelle et corruptrice , il en conclut tout aussi logiquement , que nous combattons la dissolution de la Chambre , essentiellement constitutionnelle et favorable à l'opposition dans la situation où elle se trouvait.

Convenons, Électeurs , qu'à moins de reconnaître dans ce langage , et dans cette bizarre argumentation , le délire précurseur d'une disgrâce , que la prérogative royale vient soumettre à votre jugement, il est humainement impossible de s'expliquer tant d'incohérences et d'absurdités.

Sans doute, tous les actes du ministère, tant qu'il sera au pouvoir, doivent se ressentir du système et de l'opinion du parti qui l'a produit ; et tous les actes qu'il propose au Roi, et que S. M. sanctionne, semblent déposer contre notre doctrine ; mais remarquez qu'il n'est pas possible , qu'il n'est pas même conforme aux conditions du gouvernement constitutionnel , de changer de système et de ministres avant que la majorité de la prochaine Chambre soit connue. C'est la position inverse de 1815, où le ministère , attaqué par la majorité de la Chambre, dut agir en sens contraire de ce cette majorité , tandis que la majorité actuelle , d'accord avec le ministère , lui impose sa volonté et ses principes jusqu'à sa chute.

Cela est si vrai, que s'il pouvait être hors de doute , pour nos adversaires eux-mêmes , que le Roi dissout la Chambre pour tenter d'obtenir une majorité constitutionnelle , ils seraient forcés de convenir que le Roi n'a pu faire autrement que ce qu'il a fait.

Ne pouvant remplacer à lui seul la loi qui existe , il faut bien s'en servir ; et si indépendamment de l'influence ministérielle , elle a été faite de manière à produire toujours la même majorité, c'eût été une haute imprudence que de renvoyer un ministère que la majorité prochaine eût forcé à remettre en place ; mais c'était là la question : et dans le doute , il a bien fallu conserver des ministres qu'on n'était pas sûr de pouvoir renvoyer sans recourir peut-être infructueusement à une nouvelle dissolution ou enfin à un coup d'état.

Le Roi n'a donc pu dire que ces mots : *Je dissous.* C'est à vous, Électeurs , à les comprendre.

Et comment ne les comprendriez-vous pas ?

Ignorez-vous que, dans notre Gouvernement, le mal ne vient que des ministres, et que le Roi est la source de tout bien ?

S'il y a donc , dans la dissolution de la Chambre un but coupable, celui de reviser un article quelconque de la Charte , malgré que le Roi ait déclaré qu'aucun article de la Charte ne serait revisé ; ce but est celui des ministres.

Et s'il peut y avoir, dans la même dissolution, le but si louable et si glorieux de maintenir sans altération notre loi fondamentale , ce but est celui du Roi.

Mais sommes-nous donc réduits, Électeurs , à de vagues conjectures, pour être pénétrés des hautes intentions de la sagesse royale. Et dans cette foule d'actes de son initiative, gravés dans notre souvenir , et qui complètent notre conviction , éprouverons-nous d'autre embarras que celui du choix depuis la déclaration de S. M. à Saint-Ouen, jusqu'à la dernière dissolution de la Chambre.

A son retour de Gand, elle a signalé les fautes d'un ministère qui avait prétendu corriger ou forcer le sens de la Charte.

Elle a cassé, bientôt après, la Chambre qui voulait abuser, en faveur du privilége et de l'aristocratie, de la faculté qu'il avait donnée dans l'intérêt de la liberté, de réviser quelques articles de la Charte.

Elle a hautement proclamé qu'à côté de l'avantage d'améliorer était le danger d'innover, et qu'en conséquence, aucun article de la Charte ne serait revisé.

Elle a bientôt choisi pour ses ministres les deux hommes qui offraient le plus de garantie aux intérêts légitimes de la révolution et à l'affermissement de la dynastie, dont l'un d'eux avait si puissamment servi la restauration, et l'autre, au 20 mars, l'avait si courageusement défendue à Orléans contre l'entraînement de l'armée (1).

Chaque fois que la Charte a été menacée, le Roi

---

(1) Le général Dessolles et le maréchal Saint-Cyr.

a protégé son ouvrage; il en a confié la défense dans une occasion solennelle à l'armée et à la garde nationale. Tous les actes que nous venons de rappeler sont autant de déclarations royales, dont le ministère et les fanatiques n'oseront pas sans doute contester la sincérité ; et la dernière dissolution de la Chambre ne peut être que l'expression de la sagesse et de la même loyauté.

Souvenez-vous donc, Électeurs, de votre souverain à St-Ouen, au 16 mars, à son dernier retour en France, et au 5 septembre ;

Rappelez-vous les paroles si rassurantes pour le respect des institutions qu'il nous a données, qui retentissent encore au cœur de tous les Français, et que faisait entendre naguère le fils chéri de son cœur, dépositaire de sa confiance au moins autant, sans doute, que les ministres passagers de son conseil ;

Que tant d'imposans souvenirs soient présens à votre esprit et à votre conscience, Électeurs, et votre choix ne saurait être douteux.

Si vous secondez le vœu du Roi; si vous répondez à son appel par une majorité constitutionnelle, les ministres actuels devront se retirer ; et comme au 5 septembre, la Charte sera sauvée.

Vous ne manquerez pas au plus sacré des de-

voirs. Du jour où les colléges électoraux sont as-
semblés, vous ne vous appartenez plus. Vous deve-
nez les premiers mandataires de la Nation, char-
gés de vous en substituer d'autres. Toute cette population que la sagesse législative n'a pas permis
de réunir, se repose sur vous du soin de la représenter, et de lui donner les plus énergiques et les
plus zélés défenseurs de ses droits et de ses intérêts. Elle vous suit; elle vous observe. Vos noms et
votre conduite se gravent dans ses souvenirs. Vous
lui devrez compte un jour, peut-être, et du mandat que vous avez rempli, et de celui que vous au-
riez oublié ou dédaigné. Elle peut vous attendre à
la porte du collége ; vous réclamer si vous ne pa-
raissez pas; vous accuser si vous l'avez trahie. Et
que lui diriez-vous, alors même qu'elle se con-
tiendrait assez pour ne pas franchir les bornes de
son devoir, que lui diriez-vous et quelle serait
votre confusion et votre honte, si elle interrogeait
en vous une conscience coupable ?

Mais non : vous serez Français et constitutionnels; vous accourrez de toutes parts. Vous rempli-
rez vos colléges. Vous respecterez l'ordre et la loi.
Mais cette loi, toute fatale qu'elle fut à la France,
vous ferez qu'on la respecte. Vous aurez des organes de la justice et de la loi. Ils demanderont tout
ce qu'elle prescrit. Ils combattront ce qu'elle défend. Ils exigeront que le secret du vote commandé

par la loi, soit religieusement observé; et si des fonctionnaires publics, de dangereux amis du ministère, croyaient faire éclater leur zèle et leur soumission, en exposant aux yeux du bureau le secret de leur bulletin, vous leur rappellerez, ou vous leur ferez dire par le président, que le secret du vote a été commandé pour la plus grande liberté des suffrages, qu'il est une garantie publique que nul n'a le droit d'annuler ou d'affaiblir.

Vous ferez en sorte, enfin, que l'épreuve, à-la-fois royale et nationale, à laquelle le souverain a entendu soumettre les hommes et le système de son gouvernement, reçoive de la fidèle observation des droits et des devoirs des agens du ministère et des représentans de la nation, tout l'éclat, toute l'influence que lui permet encore de produire la loi actuelle des élections.

Conséquens avec nous-mêmes, véritablement constitutionnels, nous ne supposons le mal qu'aux ministres. Nous n'attendons du Roi que du bien. Nous étendons à toute sa famille le respect qu'il nous inspire, la confiance que nous avons dans sa parole et dans son amour. Il est pour nous le législateur et le père du peuple français, le religieux observateur de ses sermens. Loin de nous toute supposition contraire, et mépris éternel à ceux qui osent lui offrir son propre ouvrage en sacrifice, qui nous le présentent résolu à le mutiler de ses propres mains. Cela serait, que nous refuserions de le croire, et que son ministère seul nous en répondrait.

Voilà pour nous ce qu'est le Roi! nous ne croyons, nous ne répétons des membres de la famille royale que les opinions et les discours qui nous semblent en harmonie avec leurs nobles sentimens, avec leur foi jurée, avec la volonté publique et sacrée, exprimée par leur maître à tous, dans son immortel ouvrage.

Nous rejetons loin de nous, nous refusons de croire les intentions, les projets qu'on leur prête, s'ils supposent des sentimens qui cesseraient de les rendre dignes du respect qu'ils nous inspirent.

Pour nous, l'auguste frère du Roi, est celui qui s'écriait, en touchant du pied le sol de la patrie : « Il n'y a en France qu'un Français de plus. »

Son magnanime neveu est celui qui a tant fait en Espagne pour atténuer et réparer les fautes de la politique ministérielle. C'est celui qui a recommandé à toutes les autorités le respect et l'amour des institutions que le Roi nous a données. C'est celui qui répondait à Bayonne aux gardes-du-corps, réclamant le privilége d'entourer seuls sa personne : « Chaque soldat de l'armée française est un garde-du-corps pour moi. » C'est celui qui écrivait au ministre actuel de la guerre, lorsqu'il a été nommé : « Mon cher Max., j'apprends avec plaisir votre nomination au ministère. Je suis sûr que vous déposerez, en y entrant, tout esprit d'exagération et de préférence, et que vous vous serez convaincu, comme moi, que nous ne devons faire aucune différence entre le soldat de la Vendée et le soldat de Waterloo. » C'est celui enfin qui répondait naguère à un bon Français, qui le remerciait de tout ce qu'il avait dit de favorable sur nos institutions, en passant à Chartres : « Ce n'est pas à Chartres; c'est à Tours; et j'avais mes raisons pour cela (1). »

Et la Princesse son épouse, Electeurs, n'est-elle pas pour nous, celle qui, dans son dernier voyage, a répandu dans tout le midi, au grand étonnement de ceux qui la calomniaient en se flattant de si bien la connaître, les mêmes paroles de sécurité et d'amour pour les institutions que le Roi nous a données. N'est-ce pas celle qui répand les mêmes aumônes sur les malheureux de toutes les opinions? N'est-ce pas celle qui répondait au maire d'une grande ville, qui avait cru lui être agréable, en éloignant de son banquet un Colonel dont le nom et la parenté rappelaient un des membres les plus

---

(1) Il faut bien chercher quelqu'un à Tours, à qui le prince ait voulu donner cette leçon.

distingués de l'opposition : « Comment avez-vous pu croire que je pourrais être offensée d'avoir à mes côtés l'officier à qui le Roi a cru devoir confier un régiment. Je ne me mettrai point à table que le Colonel *** ne soit arrivé. »

Je puis vous affirmer tout cela de nos princes, Électeurs : et vous le croirez tous ; vous persisterez à le croire, alors même que ceux-là qui se prétendent les seuls appréciateurs de leurs vertus, les seuls dépositaires de leurs secrets, se donneraient la tâche coupable de nous contredire et de nous démentir ?

Voilà donc ce qu'au lieu d'hypocrites témoignages d'engouement et d'adoration, nous pensons et nous répétons de nos Princes. Tel est le sincère et public hommage que nous rendons à leurs discours et à leurs vertus, au lieu de ces flatteries sans pudeur, sans talent, sans inspiration et sans goût, que les chanteurs à vie de tous les gouvernemens les ont condamnés à entendre en personne durant quinze jours sur tous nos théâtres.

Tels sont nos vœux et notre amour pour les institutions et les garanties à toujours concédées en toute propriété, à la nation Française, par la Charte immortelle que nous tenons du Roi.

Tels sont enfin les sentimens, le système et le devoir de l'opposition, sous le Gouvernement qui nous régit. Les seuls ministres nous doivent compte de nos pertes et de nos douleurs?

Obéissons donc, Électeurs, à l'appel du souverain, avec toute la sécurité, toute la liberté de conscience, qu'inspirent de pareils sentimens, que commandent de tels principes, et volons au secours de nos institutions, de l'ouvrage du Roi et de sa foi jurée.

NOTE DE L'ÉDITEUR.

P. S. Au moment même de la publication de cette brochure, nous avons eu connaissance de la lettre à-la-fois patriotique, constitutionnelle et royaliste, que vient de publier M. le comte Duchaffault; et cette lettre n'étant autre chose que la doctrine qu'on vient de lire sur la dissolution de la Chambre, mise en action, ce qui prouve bien que ce n'est pas une fiction, et qu'elle est entendue par une grande masse d'Électeurs, nous ne croyons pas mieux faire que de la reproduire en finissant.

MONSIEUR LE PRÉFET,

J'ai lu ces jours derniers, dans le *Drapeau blanc*, votre lettre aux Électeurs vendéens. Puisqu'au lieu de vous borner à reconnaître et à constater fidèlement leurs droits électoraux, vous avez cru devoir leur donner des conseils et diriger leurs choix, permettez à l'un d'eux de vous soumettre quelques observations sur le langage que vous leur adressez.

Quel est le Français, ami de son pays et de l'humanité, qui pourrait ne pas s'affliger de vous voir invoquer, pour obtenir des élections à votre gré, les souvenirs des horribles dissentions qui ont attiré sur la Vendée une déplorable célébrité; de ces temps de pénible mémoire, où les deux partis n'obtenaient de triomphe qu'en se baignant dans le sang français, où les chefs n'achetaient quelque gloire qu'au prix des malheurs inouïs de toute la population. Certes, mieux que vous, je pourrais parler de cette guerre qui a dévoré ma famille presque tout entière. Mais s'agit-il donc de rouvrir des plaies à peine cicatrisées, de réveiller des haines mal assoupies; est-ce, en un mot, dans une époque de guerre civile, que vous êtes chargé de nous chercher des exemples et des règles de conduite? Non, M. le Préfet; ce n'est point là la mission que vous avez reçue du Gouvernement, ni l'exemple que vous ont donné vos prédécesseurs; ce n'est point là la ligne que vous a tracée le Prince qui nous recommandait union et oubli. Lorsqu'ils nous invitaient à faire notre devoir, ils nous parlaient au nom de la paix, et non pas au nom d'une gloire fondée sur nos discordes et nos malheurs.

Non content de réveiller ces tristes souvenirs, vous prêtez au Gouvernement de S. M. des intentions qui ne peuvent être les siennes; n'est-ce pas en quelque sorte le calomnier que de prétendre qu'il ne sera réparateur pour notre département, qui selon les choix que nous ferons aux élections? Si des réparations et des indemnités nous sont dues, si la population tout entière (comme vous le dites vous-même) a des titres incontestables. pour en obtenir ; comment dépendraient-elles de nos choix ; et si elles en dépendaient, qui oserait dire que la justice a présidé à leur répartition, et que nos choix sont libres ?

Vous parlez de notre ancien dévouement à la royauté : il est en effet plus ancien que quelques autres ; mais il est surtout plus éclairé et plus désintéressé ; il nous apprend à ne point confondre les intérêts du Roi avec ceux de ses ministres ; il nous dit que c'est être fidèle au Roi que de nommer des députés capables de défendre, avec talent et courage, les institutions que nous devons à sa sagesse, de signaler les fautes de ses agens, et de lutter contre leur puissance lorsqu'ils en abusent pour compromettre le trône, en attaquant les libertés publiques, son plus solide appui. De tels députés pourront se présenter partout, et ce n'est pas dans notre département qu'ils seront repoussés par les Électeurs. Au reste, ce n'est pas d'aujourd'hui que notre attachement pour la royauté nous a inspirés de la même manière ; et c'est dans l'Ouest, si dévoué en 1793, que s'était élevée, en 1787, l'opposition la plus vive contre des ministres prévaricateurs.

Vous nous recommandez de *ne pas écouter l'intérêt de quelques hommes ou celui du moment, mais seulement celui du pays.* Ce conseil est bon, M. le Préfet ; mais en le suivant, ne pourrait-il pas arriver que vos candidats fussent repoussés ; car s'ils étaient des instrumens aveugles et fidèles de leur parti, ils ne manqueraient pas de sacrifier les intérêts généraux à celui de quelques individus, et notre avenir tout entier à un système qui ne peut être de longue durée.

Quels sont ceux que vous espérez séduire et détourner des choix que leur conscience leur indique, en nous parlant de travaux généraux prêts à s'exécuter dans l'intérêt du départe-

ment? Chacun ne se souvient-il pas que l'approche des élections fait toujours éclore de semblables promesses, et que l'effet ne les a jamais suivies? Qui désormais pourrait s'y confier,
et trahir à coup sûr de si grands intérêts pour des promesses
si vaines et des intérêts si légers ?

Au surplus, permettez-moi de vous dire, M. le Préfet,
que vous sollicitez aujourd'hui de vos administrés un témoignage de confiance à laquelle votre conduite à leur égard ne
vous a peut-être pas toujours donné des titres incontestables.
Pour ne vous citer qu'un fait, comment pouvez-vous penser
qu'ils croiront avoir lieu de compter sur l'estime et le dévoûment que vous leur portez, s'ils n'ont point oublié votre al-
locution à la population entière de Bourbon-Vendée, au moment de l'installation d'une municipalité nouvelle ? « La po-
» pulation de Bourbon-Vendée, disiez-vous, n'offre point
» de garanties à la société. » Ces paroles, que je pourrais
qualifier sévèrement, ne s'adressent, il est vrai, qu'aux habitans d'une seule ville; mais cette ville est le chef-lieu du département; et, s'il est vrai qu'elle ne doit vos préventions
contre elle qu'à ses opinions politiques, que direz-vous dans
l'occasion des Sables-d'Olonne, et de Fontenay, qui, malgré vos efforts, ont porté à la Chambre M. Manuel? Mais je
crois bien connaître les Electeurs de la Vendée, et je suis
convaincu que les séductions comme les injures les trouveront
également impassibles et invariablement déterminés à n'écouter que la voix de leur conscience et de leurs devoirs. Rappelez-vous l'estimable juge de paix du canton de Poiré. Ils savent, comme vous le dites, M. le Préfet, que le Roi compte
sur leur dévoûment, que la France et l'Europe ont les yeux
sur eux, qu'ils sont en présence d'une population nombreuse
et fidèle, et ils ne trahiront ni son attente ni ses vœux; en
un mot, ils se montreront dignes d'eux-mêmes et de la répu-

tation de courage et de patriotisme éclairé qu'ils se sont faite.

Il suffira pour cela, M. le Préfet, que, par vos soins, le collége électoral soit composé de tous ceux qui ont le droit d'y figurer.

C'est dans cet espoir, M. le Préfet, que j'ai l'honneur de me dire, avec la considération que je vous dois,

Votre très-humble et très-obéissant
serviteur.

Le comte DUCHAFFAULT, *Électeur vendéen.*

FIN.